AF152565

BEI GRIN MACHT SICH IHR
WISSEN BEZAHLT

- Wir veröffentlichen Ihre Hausarbeit,
  Bachelor- und Masterarbeit

- Ihr eigenes eBook und Buch -
  weltweit in allen wichtigen Shops

- Verdienen Sie an jedem Verkauf

Jetzt bei www.GRIN.com hochladen
und kostenlos publizieren

Bibliografische Information der Deutschen Nationalbibliothek:

Die Deutsche Bibliothek verzeichnet diese Publikation in der Deutschen National-
bibliografie; detaillierte bibliografische Daten sind im Internet über http://dnb.d-
nb.de/ abrufbar.

Impressum:

Copyright © 2019 GRIN Verlag
Druck und Bindung: Books on Demand GmbH, Norderstedt Germany
ISBN: 9783346160034

Dieses Buch bei GRIN:

https://www.grin.com/document/542135

Felix Kohlmann

Trainingsplanung Beweglichkeit und Koordination. Langfristige Verletzungsprophylaxe und Abbau von lokalen Muskelverspannungen

GRIN Verlag

GRIN - Your knowledge has value

Der GRIN Verlag publiziert seit 1998 wissenschaftliche Arbeiten von Studenten, Hochschullehrern und anderen Akademikern als eBook und gedrucktes Buch. Die Verlagswebsite www.grin.com ist die ideale Plattform zur Veröffentlichung von Hausarbeiten, Abschlussarbeiten, wissenschaftlichen Aufsätzen, Dissertationen und Fachbüchern.

Besuchen Sie uns im Internet:

http://www.grin.com/

http://www.facebook.com/grincom

http://www.twitter.com/grin_com

Einsendeaufgabe

Fachmodul:	Trainingslehre III
Studiengang:	Sportökonomie
Datum Präsenzphase:	02.12.19 – 04.12.19
Name, Vorname:	Kohlmann, Felix
Studienort:	München
Semester:	WS 2017

Inhaltsverzeichnis

1 Personendaten

Tabelle 1: Allgemeine Daten und Gesundheitszustand der Person

Alter	34
Geschlecht	männlich
Körpergröße (in cm)	183
Körpergewicht (in Kg)	86
Trainingsmotive	- Verbesserung der Beweglichkeit - Verbesserung der Reaktions- und Umstellungsfähigkeit - Langfristige Verletzungsprophylaxe - Abbau von lokalen Muskelverspannungen
Berufliche Tätigkeit	Bürojob (sitzend)
Aktuelle sportliche Aktivitäten	- 1x pro Woche Ganzkörper Krafttraining (60 min.) - 2x pro Woche Handballtraining inkl. Spiel (Hobbymannschaft)
Frühere sportliche Aktivitäten	- 1x pro Woche Krafttraining (60 min.) - 3x pro Woche Handballtraining inkl. Spiel (3. Liga, im Alter von 17-21)
Zeitlicher Verfügungsrahmen	2x pro Woche für jeweils maximal 60 min.
Allgemeiner Gesundheitszustand und eventuelle sonstige Einschränkungen	- Verspannungen im Nacken - Keine weiteren gesundheitlichen Einschränkungen

Anhand der Auswertung der allgemeinen Daten sowie dem aktuellen Gesundheitszustand, lässt sich erkennen, dass es sich hierbei um eine gesunde Person handelt. Durch die Erfahrung in einer hochklassigen Handballliga, kann von einer sehr guten Belast- und Trainierbarkeit ausgegangen werden. Aufgrund der sitzenden Bürotätigkeit kommt es vermehrt zu lokalen Verspannungen im Nacken. Sowohl der Abbau dieser Verspannungen, die allgemeine Verbesserung der Beweglichkeit und der damit eingehenden Verletzungsprophylaxe als auch die Verbesserung der Reaktions- und Umstellungsfähigkeit sind maßgebliche Bestandteile der oben aufgeführten Trainingsmotive.

2 Beweglichkeitstestung

Tabelle 2: Beweglichkeitstestung (Janda, 2000, S. 255 – 271)

	Zu testende Muskelgruppe	Ausführungsbeschreibung	Bewertung	Testergebnis
1	M. pectoralis major	- Der Proband nimmt die Rückenlage auf einer Behandlungsliege oder einem passenden Tisch ein. - Beide Beine stehen angewinkelt auf der Liege. - Bei der zu testenden Seite, schließt die Schulter mit der Kante ab. - Der zu testende Arm führt eine Abduktion sowie eine Außenrotation im Schultergelenk aus. Im Ellenbogengelenk ist ein 90 Grad Winkel.	**Stufe 0:** Keine Defizite der Beweglichkeit; Oberarm erreicht Horizontale. **Stufe 1:** Leichte Defizite der Beweglichkeit; Oberarm erreicht Horizontale durch Druck des Testers. **Stufe 2:** Deutliche Defizite Der Beweglichkeit; Oberarm erreicht Horizontale auch durch Druck des Testers nicht.	Rechts: 0 Links: 0

3/13

2	M. iliopsoas	- Der Proband nimmt die Rückenlage auf einer Behandlungsliege oder einem passenden Tisch ein. - Der Proband rutscht so weit nach vorne, dass das Gesäß mit der Kante abschließt. - Ein Bein kann auf einem Stuhl, welcher sich vor der Liege befindet, abgestellt werden. - Das zu testende Bein befindet sich him Überhang. - Der Tester beobachter die Hüftflexion des überhängenden Beines. - Gemessen wird die Oberschenkelposition im Verhältnis zur Körperlängsachse.	**Stufe 0:** Keine Defizite der Beweglichkeit; Oberschenkel erreicht Horizontale. **Stufe 1:** Leichte Defizite der Beweglichkeit; Oberschenkel erreicht Horizontale durch Druck des Testers. **Stufe 2:** Deutliche Defizite Der Beweglichkeit; Oberschenkel erreicht Horizontale auch durch Druck des Testers nicht.	Rechts: 0 Links: 0
3	M. rectus femoris	- Der Proband nimmt die Rückenlage auf einer Behandlungsliege oder einem passenden Tisch ein. - Der Proband rutscht so weit nach vorne, dass das Gesäß mit der Kante abschließt. - Ein Bein kann auf einem Stuhl, welcher sich vor der Liege befindet, abgestellt werden. - Das zu testende Bein befindet sich him Überhang und wird vom Tester in der maximalen Hüftextension fixiert. - Gemessen wird der Winkel zwischen dem Ober- und Unterschenkel.	**Stufe 0:** Kein Defizit der Beweglichkeit; Unterschenkel hängt senkrecht herab. **Stufe 1:** Leichte Defizite der Beweglichkeit; Unterschenkel erreicht 90 Grad im Kniegelenk durch Druck des Testers. **Stufe 2:** Deutliche Defizite der Beweglichkeit; Unterschenkel erreicht 90 Grad im Kniegelenk auch durch Druck des Testers nicht.	Rechts: 1 Links: 1
4	Mm. ischiocrurales	- Der Proband nimmt die Rückenlage auf einer Behandlungsliege oder einem passenden Tisch ein. - Ein Bein kann auf einem Stuhl, welcher sich vor der Liege befindet, abgestellt werden. - Das zu testende Bein wird vom Tester in die maximal mögliche Hüftflexion geführt, dabei ist das Kniegelenk in einer maximalen Extension. - Gemessen wird der Winkel zwischen der Beinachse und der Körperlängsachse.	**Stufe 0:** Kein Defizit der Beweglichkeit; Hüftflexion im Ausmaß von 90 Grad möglich. **Stufe 1:** Leichte Defizite der Beweglichkeit; Hüftflexion im Ausmaß zwischen 80-90 Grad möglich. **Stufe 2:** Deutliche Defizite der Beweglichkeit; Hüftflexion nur unter 80 Grad möglich.	Rechts: 1 Links: 1
5	Mm. triceps surae	- Der Proband nimmt die Rückenlage auf einer Behandlungsliege oder einem passenden Tisch ein. - Ein Bein steht gebeugt mit dem ganzen Fuß auf der Liege. - Das zu testende Bein ist gestreckt und ragt zur Hälfte (Unterschenkel) über die Liege hinaus.	**Stufe 0:** Kein Defizit der Beweglichkeit; Dorsalextension bis 0 Grad möglich. **Stufe 1:** Leichte Defizite der Beweglichkeit; Dorsalextension möglich, 0 Grad wird nicht ganz erreicht. **Stufe 2:** Deutliche Defizite der Beweglichkeit;	Rechts: 0 Links: 0

4/13

	- Der Tester greift mit einer Hand das Fersenbein und mit der anderen Hand die Fußaußenkante.	Dorsalextension nur bis 10 Grad unter 0 Grad Stellung möglich.	
	- Der Tester zieht die Ferse des Proban-den distalwärts.		
	- Die andere Hand des Testers, fürht den Vorfuß zum Schienbein.		

2.1 Bewertung der Testergebnisse

Damit das folgende Beweglichkeitstraining effektiv gestaltet werden kann, wurde ein Beweglichkeitstest für die fünf wichtigsten Hauptmuskelgruppen durchgeführt (Janda, 2000, S. 253). Bei drei der fünf getesteten Muskelgruppen, liegt bei dem Probanden kein Defizit und somit eine gute bis sehr gute Beweglichkeit vor. Sowohl bei dem Test Nummer 3 (M. rectus femoris), als auch bei dem Test Nummer 5 (Mm. triceps surae), wird lediglich die Stufe 1 erreicht.

Beide Defizite sind vermutlich auf die sitzende Tätigkeit im Beruf zurückzuführen.

Das Ziel ist es nun, diese Defizite durch ein passendes Beweglichkeits- und Dehntrain-ing zu beseitigen und die bereits bewegliche Muskulatur du stützen.

3 Trainingsplanung Beweglichkeitstraining

Tabelle 3: Trainingsplanung Beweglichkeitstraining

	Dehnübung	Dehnmethode	Zielmuskulatur	Durchführung
0	Aufwärmen	-	Ganzkörper	10 Minuten lockeres aufwär-men auf dem Crosstrainer
1	Vordere Oberschenkelmusku-latur im Stand	Postisometrisch	M. quadriceps femo-ris	Im Stand wird ein Bein gebeugt und mit der gleich-seitigen Hand am Sprunggelenk umfasst; die Ferse wird gegen das Gesäß gezogen, sodass eine leichte Dehnung ent-steht; M. quadriceps femoris wird 8 bis 10 Sekunden isometrisch angespannt; 2 bis 3 Sekunden entspan-nen; Dehnposition wird wieder eingenommen, die Dehnung wird dabei deut-lich erhöht.
2	Rückseitige Oberschen-kelmuskulatur in Rückenlage	Postisometrisch	M. biceps femoris M. semimembra-nosus M. semitendinosus	In Rückenlage wird ein Bein auf dem Boden angewinkelt abgestellt; Das andere Bein liegt gestreckt daneben; ein Helfer bringt das gestreckte Bein in Richtung senkrechte

				Position, bis der Trainierende eine leichte Dehnung spurt; Die zu dehnenden Muskeln warden für 8 bis 10 Sekunden isometrisch angespannt; 2 bis 3 Sekunden entspannen; Dehnposition wird wieder eingenommen, die Dehnung wird dabei deutlich erhöht.
3	Hüftbeugemuskulatur im Jägerstand	Aktiv, statisch	M. iliopsoas M- rectus femoris	Im Jägerstand wird das vordere Bein mit je einem 90 Grad Winkel im Fuß-, Knie- und Hüftgelenk abgestellt; das hintere Bein wird senkrecht zu Boden aufgekniet; während der Oberkörper aufrecht bleibt, wird das Becken nach hinten geneigt, um den Ansatz und Ursprung weiter zu entfernen; mit Hilfe des Körperschwerpunkts nach vorne, kann die Dehnung erhöht werden; Die Dehnung wird gehalten.
4	Nackenmuskulatur im Stand	Aktiv, statisch	M. trapezius pars descendens	Im Stand den Kopf zur Steite neigen; auf der Gegenseite den Schultergürtel aktiv nach unten ziehen; Je nach Kopflage kann die Dehnung erhöht oder vermindert warden.
5	Seitliche Rumpfmuskulatur im Grätschstand	Aktiv, dynamisch	M. latissimus dorsi M. obliquus internus abdominis M. obliquus externus abdominis	Im Grätschstand werden beide Arme gestreckt oben verschränkt; der Oberkörper wird leicht zur Seite geneigt, so dass eine Dehnung in den genannten Muskeln spürbar wird. Damit die Dehnung dynamisch wird, wird der Oberkörper immer wieder zentriert und erneut in die Dehnposition gebracht.
6	Hintere Schultermuskulatur im Stand	Passiv, statisch	M. deltoideus pars spinata M. trapezius pars transversa Mm. rhomboidei	Im Stand wird der Arm auf der zu dehnenden Seite gestreckt nach vorne gehalten; der freie Arm greift von unten an den Ellenbogen des gestreckten Arms; Nun wird der gestreckte Arm auf die gegenüberliegende Seite gezogen bis eine Dehnung zu spüren ist.
7	Brustmuskulatur im Stand (mit Hilfsmittel)	Passiv, statisch	M. pectoralis major	IIm Stand wird der angewinkelte Arm auf Schulterhöhe gegen eine Wand gedrückt; der Oberkörper dreht sich in die entgegengesetzte Richtung vom Arm.
8	Gesäßmuskulatur in Rückenlage	Passiv, statisch	M. glutaeus maximus M. glutaeus medius M. glutaeus minimus	In Rückenlage wird ein Bein angewinkelt auf dem Boden abgestellt; das andere Bein wird durch eine außenrotation in der Hüfte, mit dem Unterschenkel auf dem Oberschenkel des angewinkelten Beines abgelegt;mit beinen Händen wird nun das abgestellte Bein gegriffen und zum Oberkörper gezogen.
9	Rückseitige Oberammuskulatur im Stand	Passiv, dynamisch	M. triceps brachii	Im Stand wird ein Arm mit maximal gebeugtem Ellenbogen auf dem gleich-

10	Wadenmuskulatur im Ausfall-schritt	Passiv, statisch	M. gastrocnemius M. soleus	seiteigen Schulterblatt ge-bracht; mit der freiden Hand wird dieser Arm nun am El-lenbogen in Richtung der anderen Seite gezogen; dieser Vorgang wird wieder-holt, um die Dehnung dyna-misch zu machen. Im Ausfallschritt (beide Füße zeigen nach vorne) wird das hintere Bein gestreckt und die Ferse richtung Boden gedrückt; das vordere Bein ist leicht gebeugt; Durch den Körperschwerpunkt und die Streckung und Beugung des vorderen Beines, kann die Dehnung vermindert und erhöht werden.

Das Beweglichkeitstraining wird von dem Probanden zweimal die Woche durchgeführt. Für die Übungen sind jeweils drei Sätze pro Übung geplant. Nachfolgend wird sowohl die Dehndauer als auch die Intensität der Dehnung festgelegt.

Tabelle 4: Belastungsgefüge Beweglichkeitstraining

	Dehnübung	Dehndauer in Sekunden pro Satz	Intensität
1	Vordere Oberschenkelmuskulatur im Stand	10 (leichte Dehnposition) 12 (isometrisch Angespannt) 2 (Entspannt) 12 (gesteigerte Dehnposition)	maximal
2	Rückseitige Oberschenkelmuskulatur in Rückenlage	10 (leichte Dehnposition) 12 (isometrisch Angespannt) 2 (Entspannt) 12 (gesteigerte Dehnposition)	maximal
3	Hüftbeugemuskulatur im Jägerstand	10	maximal
4	Nackenmuskulatur im Stand	10	maximal
5	Seitliche Rumpfmuskulatur im Grätschstand	20 (2 (Dehnung); 2 (Entspannung))	weich
6	Hintere Schultermuskulatur im Stand	10	maximal
7	Brustmuskulatur im Stand (mit Hilfsmittel)	15	weich
8	Gesäßmuskulatur in Rückenlage	15	weich
9	Rückseitige Oberammuskulatur im Stand	20 (2 (Dehnung); 2 (Entspannung))	weich
10	Wadenmuskulatur im Ausfallschritt	15	weich

3.1 Begründung des Beweglichkeitstrainings

Durch das zehnminütige Aufwärmen, wird nicht nur das Herz-Kreislauf und Atmungs-system aktiviert sondern auch die Muskulatur auf bevorstehende Belastungen besser vorbereitet. Ebenso kann durch die leichte Vorbelastung das Verletzungsrisiko gemindert werden (Hottenrott & Neumann, 2016, S.107).

Sowohl bei der Reihenfolge als auch bei der Auswahl der Übungen wurden die Train-ingsmotive, der allgemeine Gesundheitszustand und vorallem auch der Beweglichkeit-test berücksichtigt.

Die Übungen 1-3 wurden aufgrund der Defizite des Probanden ausgewählt. Sowohl in der ischiocruralen Muskulatur als auch be idem M. rectus femoris waren diese vorhanden. Nachfolgend wird auf die Verspannungsbeschwerden des Probanden einge-gangen. Übung 4 ist somit für die Nackenmuskulatur. Die weiteren Übungen (5-10) kompletieren das Training und decken alle wichtigen Muskel-Gelenk-Systeme ab, um keine weiteren Defizite auftreten zu lassen und weiterhin von der vorhandenen Beweglichkeit zu profetieren.

Die oben aufgeführten Dehnmethoden, werden für die jeweilige Übung und das Ziel passend eingesetzt. Jede dieser Methoden ist sinnvoll, wenn Sie je nach Aufgabe und Bedingung richtig eingesetzt werden (Schnabel, Harre & Krug, 2008, S. 316).

Bei den Übungen 3, 4, 6, 7, 8 und 10 wurde jeweils die statische Dehnmethode ausgewählt, wobei die ersten beiden Übungen aktiv und die restlichen Übungen passiv ausgeführt werden.
Die Vorteile der statischen Methode werden ebenfalls von Schnabel, Harre & Krug (2008, S. 315) wiefolgt beschrieben:
Sie hat sowohl auf Muskel- als auch Bindegewebe eine schonende Wirkung, verhindert störende Streckreflexe und sorgt generell für eine bessere "einfühlsame" Muskelentspannung.

Bei den Übungen 5 und 9 wurde die dynamische Dehnmethode herangezogen, da diese Übungen vor allem für die sportliche Bewegung des Probanden (Handball) relevant sind. Diese Methode wirkt sich laut Schnabel, Harre & Krug (2008, S.311) positiv auf die intermuskuläre Koordination aus, was dem Probenden wiederrum für seine sportartspezifischen Bewegungen zugute kommen kann.

Die Übungen 1 und 2 werden jeweils nach der postisometrischen Dehnmethode ausgeführt. Aufgrund der hohen Konzentrationsbereitschaft am Anfang des Trainings, wird die komplizierteste Methode als erstes angewandt. Durch die postisometrische Dehnmethode, welche passiv ausgeführt werden muss, gewinnt das Gelenk an Beweglichkeit und der Proband kann durch den Trainer oder ihn selber der nachlassenden Gewebespannung folgen und das Gelenk an den neuen Anschlag heranführen (Neumann, H.D., 2013, S. 101).

Die Dehndauer wird je nach Methode unterschiedlich bestimmt.
Bei der postisometrischen Methode ist vorallem die Dauer der isometrischen Kontraktion von hoher Bedeutung. Laut Derra, C., (2007, S. 11), beginnt die postisometrische Relaxation erst nach 10-15 Sekunden isometrischer Kontraktion. Deshalbt wurde hier eine Zeit von 12 Sekunden gewählt.
Um eine weitere Verbesserung der Beweglichkeit zu bewirken, wurde die Dehndauer bei statischen Übungen für insgesamt 30-45 Sekunden und bei dynamischen Übungen auf 60 Sekunden angesetzt.

Bei den Übungen 1, 2, 3, 4 und 6 wurde eine maximale Dehnintensität gewählt, da laut Marschall (1999, S.8) nach diesen Dehnungen die größten Verbesserungen, aufgrund der optimalen Beanspruchung aller Teilstrukturen des tendomuskulären Sytems, herbeigeführt werden.
Die restlichen Übungen sind all emit einer weichen Dehnung vorgesehen, da vorallem bei der dynamischen Methode das Verletzungsrisiko gering gehalten werden soll.

4 Trainingsplanung Koordinationstraining

Tabelle 5: Trainingsplanung Koordinationstraining

	Übung	Hilfsmittel/Kleingeräte	Durchführung
1	Beidbeiniger Stand (Linienstand) mit Augen offen		Ein Bein wird in gleicher Richtung auf einer Linie vor das andere Bein gestellt (gedachte Linie); diese Position wird gehalten.
2	Beidbeiniger Stand (Linienstand) mit Augen offen – Ferse angehoben		Ein Bein wird in gleicher Richtung auf einer Linie vor das andere Bein gestellt (gedachte Linie); Bei beiden Füßen wird die Ferse angehoben; diese Position wird gehalten.
3	Beidbeiniger Stand (Parallelstand) auf Balance Pad mit Augen offen	Balance Pad	Die Füße werden Schulterbreit auf das Balance Pad gestellt; leichte Kniebeugung; Arme zum ausgleichen zur Seite.
4	Beidbeiniger Stand (Parallelstand) auf Balance Pad mit geschlossenen Augen	Balance Pad	Die Füße werden Schulterbreit auf das Balance Pad gestellt; leichte Kniebeugung; Arme zum ausgleichen zur Seite; Augen bleiben geschlossen.
5	Einbeiniger Stand auf festem Untergrund mit Augen offen		Die Person steht mit einem Bein auf einem festen Untergrund; das freie Bein ist liecht nach hinten gehoben; Arme zum ausgleichen zur Seite.
6	Einbeiniger Stand auf festem Untergrund – Bälle fangen	Bälle Partner	Die Person steht mit einem Bein auf einem festen Untergrund; das freie Bein ist liecht nach hinten gehoben; Der Trainer wirft verschiedene Bälle zu, die gefangen und wieder zurückgeworfen werden müssen.
7	Einbeiniger Stand auf Balance Pad mit Augen geschlossen	Balance Pad	Die Person steht mit einem Bein auf dem Balance Pad; das freie Bein ist liecht nach hinten gehoben; Arme zum ausgleichen zur Seite; die Augen sind geschlossen.
8	Beidbeiniger Sprung auf Balance Pad – auf Kommando	Balance Pad	Die Person steht im Parallelstand vor dem Balance Pad; auf das Kommando des Trainers, springt der Trainierende mit beiden Füßen auf das Balance Pad.
9	Spung auf Balance Pad – landen im Einbeinigen Stand	Balance Pad	Die Person steht im Parallelstand vor dem Balance Pad; Der Absprung erfolgt mit beiden Füßen gleichzeitig, die Landung geschieht abwechselt mit dem linken/rechten Bein.
10	Sprung mit Ball auf Balance Pad – landen im Einbeinigen Stand – aufs Tor werfen	Balance Pad Bälle Partner	Die Person steht im Parallelstand vor dem Balance Pad; Der Absprung erfolgt mit beiden Füßen gleichzeitig (Ball in der Hand), die Landung geschieht abwechselt mit dem linken/rechten Bein; Sobald der Trainierende das Gleichgewicht gefunden hat, wird der Ball auf ein Tor geworfen.

Für das Koordinationstraining sind ebenfalls zwei Einheiten die Woche und je Übung drei Sätze geplant. Nachfolgend werden wieder ein paar Parameter festgelegt.

Tabelle 6: Belastungsgefüge Koordinationstraining

	Übung	Belastungsdauer pro Seite (in Sekunden)	Satzpause (in Sekunden)
1	Beidbeiniger Stand (Linienstand) mit Augen offen	30	30
2	Beidbeiniger Stand (Linienstand) mit Augen offen – Ferse angehoben	15	45
3	Beidbeiniger Stand (Parallelstand) auf Balance Pad mit Augen offen	30	30
4	Beidbeiniger Stand (Parallelstand) auf Balance Pad mit geschlossenen Augen	15	30
5	Einbeiniger Stand auf festem Untergrund mit Augen offen	30	30
6	Einbeiniger Stand auf festem Untergrund – Bälle fangen	20 / 10 Bälle	45
7	Einbeiniger Stand auf Balance Pad mit Augen geschlossen	15	45
8	Beidbeiniger Sprung auf Balance Pad – auf Kommando	5	30
9	Spung auf Balance Pad – landen im Einbeinigen Stand	5	45
10	Sprung mit Ball auf Balance Pad – landen im Einbeinigen Stand – aufs Tor werfen	20 /6 Würfe (3 links, 3 rechts)	45

4.1 Begründung des Koordinationstrainings

Das Koordinationstraining ist maßgeblich im Sinne eines Gleichgewichtstrainings ausgelegt, verfolgt aber dennoch die Trainingsmotive des Probanden. So wird mit Hilfe von Zusatzequipment gezielt die Umstellungs- sowie Reaktionsfähigkeit trainiert. Ebenso ist es für Spielsportler, vor allem Handballer, aufgrund der vielen Sprünge und unvorhergesehenen Landungen, von hoher Bedeutung die Stabilität im Sprunggelenk und allgemein die Tiefensensibilität zu verbessern.

Hierfür ist ein Propriozeptives Training hervorragend geeignet, da es ich hierbei um einen Teilaspekt der Koordination handelt, welche sowohl die Gleichgewichts- als auch die Anpassungs- und Reaktionsfähigkeit umfasst und zur Orientierung des Körpers im Raum dient (Häfelinger & Schuber, 2013, S. 23).

Bei dem Training wurde darauf geachtet, dass einfach auszuführende Übungen am Anfang stehen. Gegen Ende des Trainings nimmt die Schwierigkeit deutlich zu. Wie an den Übungen 5 bis 7 gut zu sehen ist, wird die Schwierigkeit innerhalb einer Übung ebenfalls durch äußere Einflüsse erhöht.

Bei den Übungen 6 und 10 wurde der Bewegung jeweils noch eine sportspezifische Handlung beigefügt. Durch das fangen und werfen verschieden großer Bälle, lernt der Trainierende sich auf die neue Situation einzustellen.

Zum Ende des Trainings werden die einfacheren Fertigkeiten durch Einflüsse gestört und somit deutlich erschwert.

Mit insgesamt ca. 40 Minuten pro Trainingseinheit, liegt das Training innerhalb der 60 Minuten, welche von dem Probanden angegeben wurden.

5   Literaturrecherche

In der folgenden Tabelle werden zwei Studien über das Thema "Effekte des Dehnens im Hinblick auf eine Verbesserung der Leistungsfähigkeit" vorgestellt und deren Ergebnisse miteinander verglichen.

Tabelle 7: Vergleich zweier Studien zu dem Thema "Effekte des Dehnens im Hinblick auf eine Verbesserung der sportlichen Leistungsfähigkeit"

	Studie 1	Studie 2
Name der Studie	Effekte unterschiedlicher Kompensationsmaßnahmen nach statischem Dehnen	Dehnen und Kraftverhalten – Experimentelle Studien zum
Autor	Ferger K. & Moritz C.	Martin Hillebrecht
Verfassungsjahr	2017	2013
Beteiligte Versuchspersonen	21 Sportstudierende (23 bis 25 Jahre, 2 weiblich, 19 männlich), die in drei Gruppen aufgeteilt wurden. - MS: Versuchsgruppe maximaler Springt (1 weiblich, 6 männlich) - EK: Versuchsgruppe explosiver Kniehub (1 weiblich, 6 männlich) - DL: Versuchsgruppe Dauerlauf (7 männlich)	36 Sportstudierende (20 bis 39 Jahre) der Carl von Ossietzky Universität Oldenburg (15 weiblich, 21 männlich), die mit Hilfe von einem Eingangstest in drei Gruppen aufgeteilt wurden. - VGSD: Versuchsgruppe statisches Dehnen (5 weiblich, 7 männlich) - VGDD: Versuchsgruppe dynamisches Dehnen (5 weiblich, 7 männlich) - KG: Kontrollgruppe (5 weiblich, 7 männlich)
Versuchsaufbau	Bei den Probanden wurde die realisierte Sprunghöhe des Squat-Jumps (SJ), mit Hilfe der Biovision Kontaktmatte sowie der Bearbeitungssoftware W Jump Version 1.3, gemessen. - Vortest: 3 SJ, statisches Dehnen 8 Minuten (3x20 Sekunden) - Nachtest 1: 3 SJ - Kompensation: | MS	EK	DL
3x30 Meter Sprint	3x20 Kniehübe	10 Minuten Dauerlauf | - Nachtest 2: 3 SJ vgl. Tabelle 3, S. 63	Die Probanden haben auf einem Beinkraftmesser (BKM) drei Tests gemacht. Der BKM wurde individuell eingestellt, sodass jeder Proband den selben Kniewinkeln (70 Grad) hat. Die Probanden haben sowohl einbeinige als auch beidbeinige Tests durchlaufen. - Vortest: Erhebung der Explosiv- und Maximalkraft im BKM (Kommando „Fertig-Hopp") - Treatment: Je nach Gruppe wurde ein Dehnprogramm ausgeführt (VGSD & VGDD) oder nicht (KG). Beide VGen führten die gleichen Übungen aus, die VGDD absolvierte die Übungen mit 12 Wieder-

- Nachtest 1: Erhebung der Explosiv- und Maximalkraft im BKM unmittelbar nach dem Treatment.
- Nachtest 2: Erhebung der Explosiv- und Maximalkraft im BKM 30 Minuten nach dem ersten Nachtest.

Ergebnis und Schlussfolgerung	- Bei dem Nachtest 1 zeigten alle Versuchsgruppen eine signifikante Leistungsminderung (MS: 6,24%; EK: 6,6%; DL: 6,92%)	Es werden nur die beidbeinigen Tests berücksichtigigt, da der Verläufe sich sehr ähneln (S. 108)

Linke Spalte:

MS	EK	DL
6,24%	6,6%	6,92%

- Im Nachtest 2 wurde jedoch durch die Kompensation wieder eine signifikante Steigerung erreicht. Die Steigerung war jedoch bei allen Versuchsgruppen unterschiedlich

MS	EK	DL
5,29%	6,07%	7,87%

- Die DL Versuchsgruppe konnte sich sogar um 1,03% im Gegensatz zum Ausgangswert steigern.

Schlussfolgerung:

Alle Versuchsgruppen hatten einen Leistungsabfall nach dem statischen Dehnen, womit dieses bei Maximal- und Schnellkraftleistungen vermieden werden sollte.

Rechte Spalte:

- KMXB: Maximaler Kraftwert Beidbeinig (Prozentual relativierte Gruppenmittelwerte)

	VT	NT 1	NT 2
VGSD	100%	95%	95,4%
VGDD	100%	97,4%	95,4%
KG	100%	97,2%	98,2%

- EXKB: Größter Steigerungswert der Kraftzeitkurve Beidbeinig (Absolute Gruppenmittelwerte)

	VT	NT 1	NT 2
VGSD	17,7	14,2	14,2
VGDD	21,9	20	15
KG	21,3	15	18,4

Schlussfolgerung:

Sowohl die beiden VGen als auch die KG zeigten Leistungseinbußen beim Nachtest 1 im Gegensatz zum Vortest.
So lässt sich festhalten, dass sich ein Dehnen vor einem Training nicht positiv auf die Leistung auswirkt.
Die Studie muss allerdings kritisch betrachtet werden, da alle Gruppen zur Überprüfung der Wirksamkeit des Dehnprogramms einen Straight-Leg-Test absolvieren mussten wobei es zu Verfälschungen kommen könnte, da schon wenige Wiederholungen reichen, um eine Bewegungsreichweitenvergrößerung zu erreichen.

12/13

6 Literaturverzeichnis

Derra, C. (2007). *Progressive Relaxation. Grundlagen und praktische Durchführung für Ärzte und Therapeuten Entspannung.* Deutscher Aerzte-Verlag.

Ferger K. & Moritz C. (2017). *Effekte unterschiedlicher Kompensationsmaßnahmen nach statischem Dehnen.* Deutsche Zeitschrift für Sportmedizin, 68 (3), 61-66.

Häfelinger, U., & Schuba, V. (2013). *Koordinationstherapie: Propriozeptives Training.* Meyer & Meyer Verlag.

Hillebrecht, M. (2013). *Dehnen und Kraftverhalten: experimentelle Studien zum kurzfristigen Einfluss von Dehntechniken auf die Kraftfähigkeiten (Vol. 3).* LIT Verlag Münster.

Hottenrott, K., & Neumann, G. (2016). *Trainingswissenschaft: Ein Lehrbuch in 14 Lektionen* (Vol. 7). Meyer & Meyer Verlag.

Janda, V. (2000). *Manuelle Muskelfunktionsdiagnostik* (4. Aufl). München: Urban und Fischer.

Marschall, F. (1999). Wie beeinflussen unterschiedliche Dehnintensitäten kurzfristig die Veränderung der Bewegungsreichweite? *Deutsche Zeitschrift für Sportmedizin*, 50 (1).

Neumann, H. D. (2013). *Manuelle Medizin: Eine Einführung in Theorie, Diagnostik und Therapie für Ärzte und Physiotherapeuten.* Springer-Verlag.

Schnabel, G., Harre, D. & Krug, K. (2008). *Trainingswissenschaft. Leistung – Training – Wettkampf.* Aachen: Meyer & Meyer.

7 Abbildungs- und Tabellenverzeichnis

7.1 Tabellenverzeichnis